THE LIGHT OF DESIRE

LA LUZ DEL DESEO

Marjorie Agosín

THE LIGHT OF DESIRE

LA LUZ DEL DESEO

Translated by Lori Marie Carlson

SWAN ISLE PRESS
CHICAGO

Marjorie Agosín is a professor of Spanish at Wellesley College and a human rights activist. She has written several volumes of poetry, essays, novels, and criticism, among them *Tapestries of Hope, Threads of Love,* and *Cartographies.*

Lori Marie Carlson is a lecturer in the Department of English at Duke University. She is the author of *Cool Salsa, The Sunday Tertulia,* and a number of award-winning books for young adults.

Swan Isle Press, Chicago 60640-8790

Edition©2009 by Swan Isle Press
©2009 by Marjorie Agosín
Translation©2009 by Lori Marie Carlson
All rights reserved. Published 2009

Printed in the United States of America
First Edition

13 12 11 10 09   12345
ISBN-13: 978-0-9748881-7-0 (cloth)

Illustrations: Ramón Levil

Library of Congress Cataloging-in-Publication Data

Agosîn, Marjorie.
  The light of desire = La luz del deseo / Marjorie Agosín ; translated by Lori
Marie Carlson. – 1st ed.
  98 p. 15x22 cm.
  Bilingual text, with English on the right, Spanish on the left.
  ISBN 978-0-9748881-7-0 (hardcover : alk. paper)
  1. Love poetry, Spanish – Translations into English. I. Carlson, Lori M. II.
Title. III. Title: Luz del deseo.
  PQ8098.1.G6L54 2009
  861'.64--dc22
                          2009035513

Swan Isle Press gratefully acknowledges that this book has been made possible, in part, with the support of generous grants from:

• The Illinois Arts Council, A State of Illinois Agency
• Europe Bay Giving Trust

www.swanislepress.com

For you who enabled me to know the almond trees in
nascent blossom, the month of February in Jerusalem,
and your hand also bloomed in mine.

For you who took me to see the red poppy fields
where the story of a passion like the
history of light was born.

Contents

I 3

II 11

III.............................. 21

IV.............................. 31

V 49

VI.............................. 57

THE LIGHT OF DESIRE

LA LUZ DEL DESEO

I

Traviesa y despeinada
Te beso tus párpados
El sol ha dormido en ellos
Mi boca es tu luna

Mientras me abrazas
Tus brazos son árboles
Danzantes según la voluntad del viento
Los míos
Ramas curvadas
Abrazo sin tregua
Delirio claro

Encontré a Israel
En tus ojos
A sus ríos en tu boca

Aprendo tu idioma
De tu boca las palabras
Rozan mi piel
Como el viento que
Levanta mis faldas

La luz de Israel
La luz de Jerusalén
Tan clara, tan oscura
Tan suave y ovalada
Reposando sobre las piedras
Cierro los ojos
Estás

Uncombed and bold
I kiss your eyelids
Where the sun has slept
My mouth is your moon

While you embrace me
Your arms are trees
Dancing to a willful wind,
Mine
Are bent branches
Fearless grasp
Bright delirium

I found Israel
In your eyes
Its rivers in your mouth

I learn your language
The words from your mouth
Brush my skin
Like the wind that
Lifts my skirt

The light of Israel
The light of Jerusalem
So clear so dark
So soft so oval
Resting on the stones
I close my eyes
You are here

Me has traído espigas
Del Monte Tabor
Creemos en las profecías de Débora
Y en la única victoria posible
El amor

Ante ti soy una luciérnaga
Iluminada por dentro
Trastornada por dentro
Pliego mis alas
Te despierto
Te uno en mi deseo
Te llevo en mis sabores

El amor es el tiempo del agua
Lentamente tu boca hace de la mía
Cauce, río

Cae, cae suave y delgada
La noche del sábado
Cae como si bailara,
Como si tuviera un vestido de aguas claras
Cae y cae y cae entonces me perfumo toda
El cuerpo es un sonido de fragancias
La fragancia es una llama de sol
Y te espero en este viernes
Y el cuerpo todo se ilumina
Como la fe

You've brought me wheat
From Mount Tabor
We believe in the prophecies of Deborah
And in the only attainable victory,
Love

Before you I am a firefly
Illuminated within
Upset within
I fold my wings
I awake you
I join you in desire
I carry you in taste

Love is the time of water
Slowly your mouth makes mine
A riverbed

The Sabbath night
Fall falls soft and thin
It falls as if dancing
As if dressed in clear waters
It falls and falls and falls then I am totally perfumed.
The body is a sound of fragrances
The fragrance is a flame of the sun
And I wait for you this Friday
And my body is entirely illuminated
Like faith

Guiada por la primera estrella
Sobre el cielo malva de Jerusalén
Te aguardo
Tejo tu nombre entre mis labios
Nuestra memoria es un tapiz
Un manto de estrellas
Y llegas a mí
En una noche honda que se
Parece al mundo
Y tú eres mi mundo
Mi umbral
Nuestra memoria

Guided by the first star
Above the mauve skies of Jerusalem
I await you
I weave your name between my lips
Our memory is a tapestry
A mantle of stars
And you come to me
In a sepulchral night that seems
Like the world
You are my world
My threshold
Our memory

II

Mientras me besas o me lavas
La lluvia de Jerusalén nos envuelve
Tu cintura es una cascada,
La mía una amanecida que te recibe.

Todo dentro de mí
Eres un pez seguro
Y travieso
Deleite entre las orillas de mis piernas
Yo dentro de ti
Una mariposa recostada sobre tus
Labios

Llegas a mí ligero
Descalzo
Cruzas a Jerusalén veloz
En el ala de un ángel risueño
Te escondes en sus nubes violetas
Yo te encuentro entre sus piedras
Son tibias como tu boca
Son permanentes como el amor que
He dibujado por ti en mi memoria
Tantas veces salvaje siempre secreta
Llegas a mí para regalarme la vida
Frutas redondas y diáfanas
Las frutas que tus manos cuidan y recogen
Las celebro como te celebro a ti tan pleno en la
Vida de hoy que nos toca vivir
Unto mi boca en la tuya
Estamos cercanos a la niñez
Y de pronto una ráfaga de viento nos cobija
Nos acomodamos el uno al otro para el amor

While you kiss me or cleanse me
Jerusalem showers us
Your waist is a waterfall
And mine the receptive dawn.

Everything within me
You are a real and
Daring fish
Delight between my legs
I within you
A butterfly reclining on your
Lips

You come to me light
And barefoot
You cross Jerusalem quickly
On the wing of a cheerful angel
You hide in its violet clouds
And I find you again among its stones
They are warm like your mouth
They are permanent like the love that
I have drawn for you in my memory
So often savage, always secret
You come to give life to me
Round and diaphanous fruits
The fruits that your hands tend and gather
I celebrate them as I celebrate you, so full
Of the life of today that we live
I put my mouth on yours
We are close to childhood
And suddenly a gust of wind envelops us
We make ourselves known to each other

Como cuando niños entre los árboles
O los valles nevados
Nos besábamos hasta el cansancio del placer
Soñábamos con una casa junto al río
Espacios abiertos para la entrada del viento de Dios

Me traes frutas
En el medio siglo de mi vida
Descendemos a las aguas del primer sueño
Que es el primer amor

Fuimos memoria
O sueño de una memoria
Recuperamos los signos del deseo
Inmóviles como el ritmo de los sueños
Nos dejamos llevar invisibles
Como un solo río
En la boca del mar
Sin términos
Sagrados en su infatigable latir

Llegas liviano de equipaje
Descalzo y claro como el corazón
De la noche
Aún en la oscuridad el sol
Te circunda
Llegas con las frutas del valle
Las reconozco
También a tu boca
Deseosa
Recién salida del agua

As when we were children in the woods
Or in snow-covered valleys
We kissed until we tired of pleasure
And we dreamt of a house by the river
And spaces alive for the flow of God's wind

You bring me fruit
In the half century of my life
We descend to the waters of the first dream
That is the first love

We were memory
Or the dreams of a memory
We recovered the signs of desire
Motionless like the rhythm of dreams
We let ourselves be carried away invisible
Like a single river
In the mouth of the sea
Without boundaries
Sacred in its tireless beating

You arrive without luggage
Shoeless and light as the heart
Of the night
Even in darkness the sun
Encircles you
You arrive with the fruits of the valley
I recognize them
Also your mouth
Desirous
Newly emerged from the water

15

De las cosas de la tierra

Llegas humilde y esplendoroso
Me ofreces los obsequios de tu tierra
Y entro por tus manos
Como si fueras el mismo río

No intentamos
Hablar de nuestro amor
Tan sólo dejarse así llevar por la suave dicha
Del no decir
Tu cuerpo sobre mi cuerpo
Hablándose en el desgarrado idioma de una pasión.

No quise saber si era el amor a ti
O el amor por Israel
Tan sólo me hundí en el sueño
Del amor
En el decir del no decir, del amor,
Las interrogantes quedaron rezagadas
En la desnudez de cuerpos
Y el amor nos untó jazmines
Teníamos sed
Y nuestro aliento fue como los
Decires del viento
En una noche de Israel
Donde las profecías cobraron
El color del deseo: ocre, cobrizo
Y los amantes reposaron
En una cúpula azul de cielo santo
Donde las piedras tibias
Fueron nuestro lecho.

From the things of the earth

You arrive humble and splendid
You offer me gifts from your orchard
And I enter through your hands
As if you were the river itself.

We try not
To speak of our love
We are carried away by the happiness
Of silence
Your body upon mine
Talking in the heart-rending language of passion

I wanted not to know if it was love for you
Or love for Israel
I sank in the slumber
Of love
In the saying of not saying of love,
Questions were deferred
In the nakedness of our bodies
Love covered us with jasmine
We were thirsty
Our breath was like the
Whispering of wind
One night in Israel
Where prophecies became
The color of desire: ocher, copper
And lovers reposed
On a blue cupola of holy sky
Where the warm stones
Were our bed.

No buscamos ni
Templos
Ni monumentos para amarnos
Tan solo el tiempo sagrado
En una ciudad sagrada
Más allá de las colinas
Mientras Jerusalén se dormía quieta
En el tiempo sagrado de la paz

En un tiempo sin principios, sin olvido
No buscamos ni fechas ni recordatorios
Para amarnos
Tan sólo esperamos la llegada del silencio
El aliento de Jerusalén sobre nuestras cabezas.

We searched neither for
Temples
Nor monuments to love by
Only sacred time
In a sacred city
Beyond the hills
While Jerusalem dozed
In the holy time of peace

In a time without beginnings without forgetting
We searched neither for dates nor mementos
To love by
We awaited the arrival of silence,
The breath of Jerusalem above our heads.

III

Eres generoso
Con las ofrendas
Obsequios de agua y tierra
Nísperos del valle de
Israel
Cerca del Monte Tabor
Llegas con ellos
Y a mí
Me obsequias el placer
De un cuerpo siempre vivo
Depositador de la dicha
De la alegría iracunda

Recibo tu cuerpo
Que no pregunta
Tan sólo es
Dentro de mí

Y avanzas dentro de mí
Para reconocer los que conoces
Mis piernas enlazadas con las tuyas
Son un diluvio
Campanas meciéndose
Sin tregua
Tan sólo en la permanencia del placer
Y sus ofrendas
Que yo hoy vuelvo a recibir

Mi vestido de agua
Se esparció entre los
Pastizales
Tus ropajes también rodaron
Entre el espesor de la tierra

22

You are generous
With offerings
Gifts of water and earth
Medlars from the valley of
Israel
Near Mount Tabor
You arrive with them
And give me
The gift of pleasure
Of a living body
Depositor of fortune
Of irritable happiness

I receive your body
That doesn't question
Just exists
Within me

And you advance within me
To recognize what you know
My legs entwined with yours
Are deluge
Ceaselessly
Swinging bells
Only in the permanence of pleasure
And their gifts
That I receive again today.

My dress of water
Spilled out in the
Pastures
Your clothes also fell
In the thickness of earth

Desnudos nos meció el viento
El horizonte fue nuestra alcoba
Los cabellos en su luz opalina
Una manta promisoria
Alrededor nuestro silencio y fe.

En aquella ciudad de vidrios opalinos
De un mar abismado ante su historia
Me acerco a ti para obsequiarte las fundaciones de las arenas
El mar que se reclina mientras sueña
Con tu cuerpo y el mío mientras se aman.

El placer se hizo ola
Sosteniendo nuestros cuerpos
Sobre la harmonía de un beso.

Maravilloso es este delirio:
Dos cuerpos que se aman
Desnudos, imprecisos
Recostados sobre un tiempo sin tiempo

Un fuego se instaló suave dentro de nosotros
Es una llama humilde, una sabiduría que
Danza sobre la piel.

Me traes las frutas del valle de Israel
Me cuentas del monte de Tabor y de las
Noches en el Monte Hebrón
Yo sólo escucho el cuchicheo de tus manos
Como una voz que me llama para nombrarme
Mientras untamos la boca entre los nísperos
Sé que eres tú, toda esa tierra que hoy me traes.

The wind rocked us naked
The horizon was our chamber
Hair in the opal light
A promissory blanket
Around our silence and faith.

In that city of opaline glass
Of a sea confused by its history
I approach you to offer the foundations of sand
The sea that reclines while it dreams
Of your body and mine making love.

And pleasure became a wave
Supporting our bodies
In the harmony of a kiss.

This desire is marvelous
Two bodies entwined
Nude, imprecise,
Reclined on a time without time

A fire settled softly within us
It is a humble flame, a wisdom that
Alights on our skin.

You bring me fruits of the valley of Israel
You tell me of Mount Tabor and the
Nights on Mount Hebron
I hear only the rustling of your hands
Like a voice that calls out to name me
While we join our lips among the medlars
I know it is you, the harvest you bring me today.

Junto a mi cuerpo, junto a mis pies
Juntamos las granadas con la memoria
De nuestra historia que
Es la memoria de este tan dulce
Tan claro amor.

Me traes frutas del huerto
Y yo las recibo
Atesoro tus manos
Tu boca en mis manos.

Recuerdo aquel verano en
Las orillas de una real e imaginaria
Ciudad romana
Tu boca hizo de mi cuerpo un gemido de la sal
El verano hizo de nuestros cuerpos un jardín soleado
Aprendimos a maravillarnos del dolor del cuerpo que ama
Y aprendimos a hacer el amor junto al mar

Tu piel, divino sol quebrando
Que complace cada instancia de
Mi piel que se abre que se cierra
Con tu silencio con tu palabra que llueve
Hebras en mi boca.

El agua fue remanso de nuestra memoria.

Tenías olor a mar
A la sal de Israel
Todo en ti
Una estela de agua

Adjoining my body, adjoining my feet
We connect the pomegranates
With the memory of our history
That is the memory of this oh so sweet
So lucid love

You bring me the fruits of your orchard
And I receive them
I treasure your hands
Your mouth in my hands.

I remember that summer on
The banks of a real and imaginary
Roman city
Your mouth made my body a groan of salt
Summer made our bodies a sunlit garden
And we learned to marvel at the pain of bodies that love
And we learned to make love by the sea

Your skin, a luminous rising sun
that satisfies each instance of
my skin that opens that closes
with your silence with your words that rain
Threads in my mouth.

Water was the pool of our memory.

You smelled like the sea
The salt of Israel
All about you hinted of
The water's wake

Sienes también radiantes
Como un día de sol infinitamente
Extenso
Y en aquel entonces
Pensé en la conciencia de Dios
Sobre los que saben amarse
Los que sólo se miran dormidos
La redondez del alma
Los ojos fatigados de luz
Pensé en los que se aman sin interrogantes
Los que sólo hilan con sus cuerpos
La cobija que cubre los sueños de Dios

Your temples shone
Like an infinitely long
Sunny day
And then in that time
I thought about the conscience of God
About those who know how to love
Those who only contemplate each other asleep
The roundness of the soul
Eyes tired of light
I thought of those who love without questioning
Those who weave with their bodies
The mantle that covers the dreams of the Almighty

IV

Tu voz, marea subterránea
Tu voz, historia de la noche
Sagrada noche en la historia del cuerpo
Tu voz que siempre quedó así guardada
Entre el secreto del agua en sus residuos
Tu voz como sedimento
Lo que es oculto en la infinidad de los tiempos

Tu voz desnuda
En mi desnuda voz
Voz que se apacigua
Voz que cae en las hendiduras del deseo
Y es tu voz en el amor
Asombroso quejido que hierve
Que florece
Que es la historia del primer deseo

Escucho tu voz mientras te aguardo
Eres un estuario
La dimensión de los sumergidos que acaricia

Hoy escuché tu voz como el principio de nuestro
Encuentro cuando me pedías que regresase a la isla de tu
             boca
Y era tu voz la que me colmaba
Como tan sólo un hombre y una mujer pueden colmarse
En el ya del goce que es también esa voz de tierra
             subterránea siempre
Hundida, amarrada al sexo, al delirio del sexo, a la dicha
del sexo y a todos sus delirios
A todos sus desquicios.

Your voice, subterranean tide
Your voice, history of the night
Sacred night in the history of the body
Your voice that always remained safely kept
In the secret of the water, its residues
Your voice like sediment
That which is hidden in the infinity of time

Your naked voice
In my naked voice
Voice that calms
Voice that falls in the cracks of desire
And it is your voice in love
Surprising moan that boils
That flowers
That is the history of the first desire

I hear your voice while I await you
You are an estuary
The dimension of the submerged that caresses

Today I heard your voice as it was at our first
Meeting when you asked me to return to the island of your
                    mouth
And it was your voice that filled me
The way that only a man and a woman can fill each other
In the yes of pleasure in the pleasure that is also that voice
                    of subterranean earth always
Sunken, bound to sex, to the delirium of sex, to the joy of
sex and to all its deliriums
All of its upsets.

Y tu voz hoy una pena, una llaga como el insomnio
Que me embriaga en la ausencia
Que se hace letargo

Hoy sueño tu voz

Danzo tu voz
Amo, imagino esa voz que me dice sí, sí
Quien reconoce mi amor como un cosquilleo
Como el quejido del alma

Tu voz, mi puerto
Llegada, cascabel, caricia
Tan sólo tú

Fuimos espejo y piedra
Silencio y esplendor
De otros tiempos
Reencontrados en
Un solo tiempo
A lo lejos esa noche
Oímos el rezo cayendo sobre el cielo sonriente
Y esa ofrenda
Era nuestra

Me besas
Toda
Yo me sonrojo
Tuya soy
Manzana traviesa
Soy amapola nocturna
Que ante ti
Se abre toda

And your voice today a pain, a wound like the insomnia
That intoxicates me in the void
That becomes lethargy

Today I dream your voice

I dance your voice
I love; I imagine the voice that says yes, yes
That recognizes my love like a tickling
Like the moan of the soul

Your voice, my harbor
Arrival, bell, caress
Only you

We were mirror and stone
Silence and splendor
From other times
Rejoined in a
Single time
Far away that night
We heard the prayer falling over the smiling sky
And that offering
Was ours

You kiss me
My body
Blushes
I am yours
A mischievous apple
I am an evening poppy
That before you
Completely unfurls

Transparente y oscura
Mientras me atraviesas
En el jardín de los deseos
En el pubis que pide tu sol
Para la amapola nocturna.

Mientras me besas
Vuelvo a ser pequeña
Con las manos empantanadas
En el temor y la dicha.

Dulce fue el tiempo
Del amor
Una ofrenda
Siempre viva.

El cuerpo se decidió al amor
Sintió sus razones
Quiso ser libre
Su saber era aún más diáfano que el alma
Se encontró con su otro cuerpo
Secretamente se contaron historias
Un brazo le habló a la boca
La boca se juntó con una pierna
Y así liviano como el sueño de Dios
Se amaron
Como el agua ama al mar que la circunda.

Y aquella noche sentiste que tu corazón
Se abría como una rapsodia
Como una resonancia de murmullos

Transparent and dark
While you move over me
In the garden of desire
On the pubis that asks for your sun
For the nocturnal poppy.

While you kiss me
I become small again
With sweat-glistened hands
In fear and grace.

Sweet was the time
Of love
An offering
Always alive.

The body decided to love
It had its reasons
It wanted freedom
Its knowledge was more diaphanous than the soul
It met its other body
Secretly they exchanged stories
An arm spoke with the mouth
The mouth joined a leg
And thus, lightly as a dream of God
They loved
Like water loves the sea that surrounds it.

That night you felt your heart
Opening like a rhapsody
Like a murmuring resonance

Y aquella noche tu corazón se hizo
De fuegos y parpadeó como un ala
De un ángel mensajero
Y tu voz también se hizo las palabras
Del fuego

El cuerpo reconoció la memoria del amor
Se habitó en el origen de la caricia
Recordó la voz de la piel.
El silencio del cuerpo que recibe el don
Del deseo
El cuerpo se dejó llevar por la quietud de
La piel que hila la historia del pasado y del ahora
Como un río fluido que regresa a la boca del comienzo
A la boca del placer
Y habla tan solo por el decir de la piel

El cuerpo reconoció
Nuestras costumbres
Llenó la ausencia
Brindó por el azar
Y nos enseñó a habitarnos
En las cosas que deslumbran.

Ya no somos los de entonces
Me dices
Pero la memoria celular nos recuerda
Hemos vuelto a los diecisiete
Después de vivir más de un siglo
Ni la vida, ni el amor nos olvidaron

And that night your heart became
Fire and it fluttered like the wing
Of a messenger angel
And your voice also became the words
Of fire

The body recognized the memory of love
Inhabited in the origin of the caress
It remembered the voice of skin.
The silence of the body that receives the gift
Of desire
The body was carried away by the quietude of
Skin that threads the history of past and present
Like a fluid river that returns to the mouth of the beginning
To the mouth of pleasure
And speaks alone through the words of the skin

The body recognized
Our ways
It filled the absence
It celebrated fate
And it taught us to inhabit
Dazzling things.

We are not who we were then
You tell me
But the cellular memory remembers us.
We are again seventeen
After living more than a century
Neither life nor love forgot us

Se nos desvanecieron las palabras
Se adelgazó el sonido
Nos amamos mudos en la transparencia
De una sola y gran noche
Imaginamos al desierto
El imposible silencio del desierto
Cubriéndonos

Entre los rescoldos de la luz
Más allá de los intersticios
Del sonido
El amor
Como lo que hay
En el revés
De la palabra.
Haciéndose
Buscándose
Como un poema.

Nos devoramos
El deseo es una fiesta
Tienes gusto de almendras
Tienes sabor a tierra
Tu boca es una palabra
Encantada
La recibo

El cuerpo se dejó reconocer,
no tuvo miedo
Se habitó en las caricias de antes,
Ahora fluidas

LA LUZ DEL DESEO

Words took leave of us
Sound thinned out
We made love silently in the transparency
Of a single great night
We imagined the desert
The impossible silence of the desert
Covering us

Among the embers of light
Beyond all interstices
Of sound
Love
Like that which is
Behind
The word
Becoming
Searching
Like a poem.

We devour each other
Our desire is festive
You taste of almonds
You taste of earth
Your mouth is a word
Enchanted
I receive it

The body allowed recognition
Without fear
It inhabited the caresses of youth
Now fluid

El cuerpo se dejó querer toda una noche
No tuvo miedo
Dentro del disfraz de una noche aún más antigua
Como son las noches de Jerusalén
Noches de piedra y cuarzo
Abiertas, cuerpos claros,
Clarividentes.

Me pediste
Que escriba un
Cuento de amor
Insito entonces en
Mirarte
Toda mi santa vida
Toda mi santa noche.

Te reconocí en tu piel
Aún el sol cabía en tu mirada
Tu cuerpo nocturno se hizo amanecida
Mi cadera se curvó para posarse en la tuya
En aquella noche acumulamos todas las
Noches cóncavas
Hiciste de mi cuerpo memoria
Una cartografía
Del deseo.

Aprendo tu idioma
Lentamente repito
Las primeras sílabas
El principio del Alef
Que lo contiene todo

The body allowed itself to be loved for a night
Without fear
Masked by an even more ancient night
Like the nights of Jerusalem
Stone and quartz nights
Open, bright,
Clairvoyant bodies.

You asked
That I write a
Love story
So I insist on
Watching you
My whole life long
The whole night long.

I recognized you in your skin
Even the sun fit in your gaze
Your nocturnal body awoke
My hips curved to rest on yours
In that night we gathered all
Concave nights
You remade my body in memory
The cartography
Of desire.

I learn your language
I slowly repeat
The first syllables
The beginning of the Aleph
All containing

Como la inmensidad del amor
Aprendo a decir mar
Y mi cuerpo mientras repito
"*Mar*"
Es una ola incendiada

Aprendo a escribir tu idioma
Misteriosas caligrafías
Hebreas del fuego y aire sobre las letras
Me gusta la letra "le" que rueda sobre mí lengua
Y cae en la tuya

Me gusta la "S"
"S" de silencio
"S" de paz

Aprendo tu idioma
Mientras me enseñas a decir "tu cabello aún se hospeda en
                    el viento"
Hábil me sellas la boca
Con un beso parecido a la luz del silencio

Aprendo tu idioma
Me besas en él después de 17 siglos
En él yo te amo
En él tu me colmas

Imposible persuadirte con palabras
Pido una tregua para el alfabeto
Y no para tu lengua que escribe sobre la mía.

No nos interrogamos sobre el milagro
De un encuentro

Like the immensity of love
I learn to say sea
And while my body repeats
"*Sea*"
It is a wave aflame

I learn to write your language
Mysterious Hebrew
Calligraphies of fire and air over the letters
I like the letter "l" that rolls on my tongue
And falls on yours.

I like the "S"
"S" of silence
"S" of shalom

I learn your language
While you teach me to say, "Your hair still inhabits the
                              wind"
Cleverly you seal my mouth
With a kiss like the light of silence

I learn your language
You kiss me in it after 17 centuries
In it I love you
In it you fill me

It is impossible to persuade you with words
I ask for a truce with the alphabet
But not for your tongue that writes upon mine

No questions are asked about the miracle
Of the encounter

No invocamos al pasado
Y ni a nosotros en él

Nos deslizamos en el sueño del cuerpo del amor
Y como una pintura de Chagall
En las pérdidas aldeas azules
Comenzamos a reconocernos
Intactos como éramos entonces
Tu piel se incrustó en la mía
Mi mirada creció entre tus manos
Fuimos agua
Oleaje, vaivén
Recuperamos la adolescencia
En una sola noche
Mientras la noche de Jerusalén soñaba con otras noches
Los dos sobre la luz, diáfanos.

Lo invisible se escurre en el cuerpo el amor.

We invoke not the past
Nor ourselves within it

We unfold in a dream of corporeal love
As if in a Chagall
In the lost blue villages
We begin to reclaim one another
Intact as we were
Your skin imprinted on mine
My gaze growing in your hands
We were water
Waves, tides
We regained our youth
In one single night
While Jerusalem's night dreamt of other nights
The two of us, diaphanous, above the light.

The unseen trails from the body of love.

V

Amo las cosas pequeñas
Como tu nombre,
Grandioso y secreto
Amo tus dedos viajeros
En la caricia, en el palpar del aire
Que recogen frutas
Que recorren mi cabello
Amo tu corazón que aún late como
Un niño asombrado
Amo las abreviadas palabras que
Me dices confundido ante la vastedad
De este amor
Amo el rostro de tus hijos pequeños
Tan parecidos al tuyo
Amo la intensa noche de Jerusalén
Como una nube rosada
Amo a Israel
Tan dulcemente pequeño
Lo recorremos como nosotros
Recorremos a nuestro cuerpo
En el ya del instante
En la eternidad del deseo, en la pasión de la historia
De las vidas derramadas, de las vidas que siempre nacen

Amo cuando me dices que
Soy el suspiro del viento
Amo el mes de abril
Cuando las amapolas cubren la Galilea
Y en mayo los girasoles parecidos a tu tez.

Amo las cosas pequeñas
Como el amor de una
Sola noche
Que envuelve los sueños de la noche

I love small things
Like your name,
Grand and secret
I love your traveling fingers
In a caress, in the touching of air,
That gather fruits
That run through my hair
I love your heart that still beats like
A startled child
I love the abbreviated words that
You say to me confused by the vastness
Of this love
I love the faces of your small children
So similar to yours
I love the intense night of Jerusalem
Like a rosy cloud
I love Israel
So sweetly small
We traverse it like we
Traverse our bodies
In the suddenness of an instant
In the eternity of the desire, in the passion of history
Of lives spilled from lives that always are born

I love when you tell me
I am the wind's breath
I love the month of April
When poppies cover Galilee
And May when sunflowers reflect your skin.

I love small things
Like the love of a
Single night
That envelops the dreams of night

Una noche curvada sobre nuestras espaldas
Una noche que se deshace en el silencio
De nuestras manos

Celebras tu nombre Eliécer
Y me celebras
Me cubres de frutas
Me llenas de un placer
Cercano
Yo todo de blanco
Me desnudo junto a ti
Cae a la tierra el vestido
Fosforescente
Quiero ser desenvuelta ante ti
Como quien desviste a una Torah.

Traes quesos frescos
Leche y miel
Somos hoy agradecidos
El amor es opulento y dulce

En *Shavuot* traes tu nombre
Y el placer de llamarte así
Eliécer
Y me reconoces
Cuando me miras
Y yo quiero perderme en ti
Esa noche clara de *Shavuot*
Donde nuestro cuerpo es una sola profecía

A night curved along our backs
A night undone in the silence
Of our hands

You celebrate your name Eliezer
And you celebrate me
You cover me with fruits
You fill me with intimate
Pleasure
All in white I
Undress next to you
The luminous dress
Falls to the earth
I want to be bold before you
Like someone who undresses a Torah.

You bring fresh cheese
Milk and honey
We are thankful today
Love is opulent and sweet

On *Shavuot* you bring your name
And the pleasure of calling you
Eliezer
And you recognize me
When you watch me
And I want to lose myself in you
This clear night of *Shavuot*
Where our bodies make a single prophecy

Me rozas
Arde el vestido
Me desvistes
La memoria es un
Alfabeto que canta
Tu voz es anhelo
Y cascada

Me besas
Desnuda soy
Una caracola
Tan sólo tú
Dentro de mí.

You brush against me
My clothes burn
You undress me
Memory is an
Alphabet that sings
Your voice is desire
And waterfall

You kiss me
I am naked
A conch
Only you
Within me.

VI

Tu memoria es mi noche
Dentro de una noche
Donde el cuerpo labra palabras
Encantaciones envestidas en una
Caricia
Busco la oscuridad del amor
En la claridad del deseo

Tu memoria es mi noche donde te descubro
Porque la oscuridad me susurra historias
Porque me desnudo entre las sombras para llegar a ti
Cual rapsodia entre el cielo

Tu memoria es mi noche
Te llevo sonando dentro de mí
Te llevo en mi boca que se niega a no llamarte

Tu memoria es mi noche
Memoria de tu cuerpo recostado sobre las piedras rosadas
Una noche de lluvias en Jerusalén
Cuando el azar nos hizo inmortales
Y la memoria se hizo sitial del encuentro
Donde nos amamos en la fundación de la noche
En el horizonte hondo y salvaje de una sola noche
Reposada y volcánica
Devoradora de tiempos
Restauradora del alma

Noche dentro de una noche

Anoche te soñé
Vestido en una palabra
Una bocanada de humo

Your memory is my night
Within a night
Where the body forges words
Incantations enveloped in a
Caress
And I search for the darkness of love
In the clarity of desire

Your memory is my night where I discover you
Because the darkness whispers histories
Because I undress among the shadows to go to you
A rhapsody in the sky

Your memory is my night
I carry you sounding within me.
I carry you in speech that resists not calling you

Your memory is my night
Memory of your body reclined on pink stones
A night of rain in Jerusalem
When destiny made us immortal
And memory became a reunion's seat of honor
Where we made love in the foundation of night.
In the deep and wild horizon of a single night
Peaceful and volcanic
Devourer of time
Restorer of the soul

Night within a night

Last night I dreamt of you
Dressed in a word
A puff of smoke

Una voz del alma envestida
En el cuerpo
Esa palabra me visitaba
Se recostaba dentro de mí
Quería ser tacto, olfato
Lengua
Quería ser una sílaba de amor
En mis caderas

Me vas llenando de abundancia,
de un amor que no interroga
Me llenas de lo que recién se
Asoma en la tierra
Y es tan inmenso ese sentir
Tu mano en la mía
Encontrando la dicha de una
Historia de amor.

Entras
Te deslizas
Vas por mi cuerpo
Cual mar de estrellas
Te acercas
Y vas dejando huellas sobre mí
Escribes sobre mí de tu país
Y el amor comienza por la memoria de la piel
O la memoria de sentir el río, los ríos
Vas por mi tallo y me obsequias una amapola
Que es mi tallo.

Tallas en mí el contorno de tus manos,
Dos árboles que sujetan mis pechos en la espesura del amor

A voice of the soul endowed
In the body
That word visited me
And reclined within me
It wanted to be touch, smell
Taste
It wanted to be a syllable of love
On my hips

You fill me with abundance,
With an unquestioning love
You fill me with newness that
Breaks free from the earth
And so immense is that feeling
Your hand in mine
Finding happiness in a
History of love.

You enter
You glide
You go over my body
Like a sea of stars
You come near
And upon me leave prints
You write of your country upon me
And love begins through the memory of skin
Or the memory of feeling the river, the rivers
You go over my stem and give me a poppy,
That is my stem.

And you carve upon me the contour of your hands,
Two trees that hold my breasts in the thickness of love

THE LIGHT OF DESIRE

Vas
Juegas
Dejas huellas en mi boca
Tiene la tuya
Sabor a tierra
Y me la voy mordiendo toda en la quietud festiva
De un beso

Dejas huellas
Las reconozco
Has habitado en mi espalda inmóvil

Has hecho huellas, caminos, grietas
Me hiciste como hiciste a un país donde floreció el desierto
Donde las lluvias nunca a nadie ni a nada borraron
Y voy por tu cintura como quien se balancea en un
                    árbol de naranjas
Aquí en la Galilea, el amor florece en el tiempo de los
                    almendros.

Caen
Alados
Los copos de nieve
Gloriosos y livianos
Se deshacen antes de llegar a la tierra,
Son dulces como tus caricias que sólo llegan
Al cielo de mis ojos

Caen alados.

En la ausencia

You go
Play
Leave prints on my mouth
Yours has
The flavor of earth
And I bite it all in the festive quiet
Of a kiss

You leave prints
I recognize them
You have inhabited my steadfast back

You have made prints, roads, cracks
You made me as you made a country where the desert
                    bloomed,
Where the rains never erased a soul or a thing
And I go by way of your waist as if I were balanced on an
                    orange tree
Here in Galilee, love is flowering in the season of the
                    almond trees.

Snowflakes
Fall
Winged
Glorious and light
They melt before they touch the earth
Sweet as your caresses that reach only
The sky of my eyes

They fall winged

In the void,

Despliego tu cuerpo sobre
La memoria de este amor
Entras por mi cabello
Eres ráfaga,
Deseo furioso
Tatuando mi cuerpo
Tatuando mi oído

Llegas a mí en los sueños de la medianoche
Cuando la tierra duerme
Y tan sólo tú me hablas
En este silencio de las cosas solas

Habitas mi memoria y mi corazón
Cantas
Tu voz es dulce
Tus piernas cascadas
Untándose entre las mías.

La ausencia de tu cuerpo
Se hizo cavidad
Precipicio delirante
Te busqué como enloquecida
Para que regreses deleitoso
Dentro, siempre dentro de mí
Yo dentro de ti
Historia del deseo
Que nos desborda
Y caemos muy al fondo
En el abismo
En el sudor
En la saliva
En la pasión que es un pozo tan claro y tan oscuro

I unfold your body over
The memory of this love
You enter my hair
You are a gust
Furious desire
Tattooing my being
Tattooing my hearing

You come to me in midnight's dreams
When the earth sleeps
And you alone speak to me
In this silence of lonely things

You inhabit my memory and heart
You sing
Your voice is sweet
Your cascading legs
Entwined with mine.

The absence of your body
Became a hollow
Delirious precipice
I searched for you like a woman crazed
So that you would return delighted
Within, forever within me
I within you
History of desire
That overflows
And we fall to the depth
Of the abyss
In sweat
In saliva
In passion that is a well so light and so dark

Que duele
Que se mece
Que se cura
Que es una sola vertiente
Un solo río
Emanando sedimentos dorados

Nos encontramos por la
Certidumbre del azar
Escritos
En las hebras del libro de Dios
En la plenitud de nuestro medio
Siglo
Logramos ese don de reconocernos jóvenes
En la dicha de un amor que es la memoria
Del cuerpo
Hundiste tu mano sobre mis cabellos
Y me llamaste en voz alta para no
Perdernos
Yo besé el sueño de tus párpados
También llamé tu nombre como quien
Desesperado quiere encontrar su ciudad
Y su puerto.

Regresamos a nuestros cuerpos
Atesoramos el silencio
También creamos nuevas palabras
Para decirnos
Para volvernos a oír
En una noche clara de Jerusalén
Donde el tiempo sagrado es eterno
Donde desenterramos besos
Y nos volvimos a llamar

That hurts
That rocks
That heals
That is a single slope
A single river
Emanating golden sediment

We find ourselves by the
Sheer certainty of chance
Written
In the threads of the book of God
In the plenitude of our half-
Century
We captured that gift of remembering our youth
In the happiness of a love that is the memory
Of the body
You sank your hand into my hair
And called me aloud so that
We may not get lost
I kissed the sleep from your eyelids
And also called your name as one
Desperate to find your city
And your port.

We returned to our bodies
We treasured silence
We also created new words
To speak of ourselves
To hear again
In a clear Jerusalem night
Where sacred time is eternal
Where we unearthed kisses
And called each other again

Para jamás estar solos
Porque este amor nos volvió inocentes
Y nuevos.

En este medio siglo de vida
Nos obsequiamos caricias, frutas de tus manos
Y ninguna sombra de ningún valle pudo ocultar
Tu luz dentro de mí
Mi luz dentro de ti.

La caricia perpetua
Atravesó la memoria
Y en esta ciudad de piedras rosadas
Nos amamos fugaces
En una noche de osadías
Donde el pasado no se clausuró
Sino que todo quedó
Fuera del tiempo
Sin tiempo
En la eternidad de estas piedras
Nómadas y ancestrales

Tendidos sobre el horizonte
De una cama de agua
Intercambiamos obsequios
Tu trajiste canastas de frutas
Inagotables en sus riquezas
Yo te di palabras en otras lenguas
Para acariciar nuestro
Corazón
Tú me diste silencio
Mientras mi cuerpo
Se desprendía en la magnitud generosa
Del tuyo.

So as to never be alone
Because this love made us innocent
And new.

In this half century of life
We caressed, fruits of your hands
And not one shadow of one valley could obscure
Your light within me
My light within you.

The perpetual caress
Traversed memory
And in this city of pink stones
We made love quickly
In a daring night
When the past did not end
But everything remained
Outside of time
Without time
In the eternity of these stones
Nomadic, ancestral

Reclined above the horizon
On a bed of water
We exchanged gifts
You brought baskets of fruits
Abundant and rich
I spoke to you in other languages
To caress our
Heart
You responded with silence
While my body
Opened in the generous magnitude
Of yours.

Tendidos sobre la memoria
Transcurrió el tiempo desnudo
En una desnuda noche de amor
Tenías olor a olivos
A trozos de sol

Intercambiamos regalos
Invisibles
Abiertos como un corazón salvaje
Nos reconocimos
Desnudos y plenos

Pasaron días o
Tal vez siglos
Vientos iracundos
Guerras y más guerras
Hasta volver a encontrar
En nosotros
El palpitar dulce el deseo
La memoria del cuerpo en sus
Inicios
Y de pronto sentir
El latir del mundo
En nuestros pies enlazados
Y la pasión que se desborda
Como una amapola.

La tenacidad de la historia
Te circunda
Tú al otro lado del muro
¿A quién invocas?
¿Volverán a llamarte los compañeros
De esa batalla?

Reclined above memory
Naked time passed
Through a naked night of love
You smelled of olives
Of slices of sun

We exchanged invisible
Gifts
Open like a savage heart
We recognized ourselves
Naked and fulfilled

Days or
Maybe centuries passed
Angry winds
Wars and more wars
Until we found again
Within us
The sweet beating of desire
The memory of the body in its
Beginnings
And suddenly we felt
The beating of the world
In our entwined feet
And the passion that overflows
Like a poppy.

The tenacity of history
Encircles you
On the other side of the wall
Who do you invoke?
Will your companions of that war
Cry back?

Y los muertos de tu historia
Con quién sueñan?

En el muro de las lamentaciones
La fe me golpea como una mariposa
Cobriza entre las piedras.

Beso a la muralla solemne y diáfana
Temo por sus piedras calcinadas
El dolor es el dolor del amor
Mi boca entre las piedras
Elige buscar la tuya.

Ni el amor ni el deseo se eligen
Tan sólo la
Fe y el ahora.

Tal vez este amor fue intermitente
Como las historias del fuego
O tal vez quedó tallado entre
La memoria de las piedras
Tal vez este amor se guardó a sí mismo
Como los recuerdos
De los tiempos sagrados

Tal vez este amor fue como
Todas las historias
De un hombre y una mujer
Que despertaron su corazón
Mientras dormían separados
Por geografías, temerosos
Y apostaron por el encuentro

And the dead of your history
Of whom do they dream?

At the Wailing Wall
Faith hits me like a copper-colored butterfly
Among the stones.

I kiss the solemn and diaphanous wall
I fear for its calcified stones
The pain is the pain of love
My mouth among the stones
Chooses to seek yours.

Neither love nor desire are chosen
Only
Faith and the moment.

Perhaps this love was intermittent
Like the stories of fire
Or perhaps it stayed carved in the
Memory of stones
Perhaps this love remained within itself
Like the memories
Of sacred times

Perhaps this love was like
All the stories
Of a man and a woman
Whose hearts awoke
While they slept separated by
Geographies, fearful
And bet on an encounter

Para ver juntos la amanecida
O la historia del fuego enlazada
En una sola mirada

Anuncias a las cosas
Al oído de la luna
Traviesa
Al horizonte generoso
Que te gusta el enamoramiento
Como estado del corazón que late
Danzante sobre la transparencia de tu cuerpo
Enamorar
Morar
Amar
Reamar
Reanudar el amor como mar
Amarrar el amor
Necesitas la ilusión de un amor
Los de la niñez
Cuando un beso te rozaba la piel
El viento desnudaba tu pudor
Recuerdas esa noche donde la sangre fluía
Como un arroyo dulce y claro después del amor

Amas el estado del enamoramiento
Como encantamiento
Como sílaba crujiente
Como libélula que se sueña iluminada
Como luciérnaga

Y ahora en el medio siglo sueñas aún más con el amor
Como ahora
Como el mar conoce a la sal

To see the dawn together
Or the story of fire connected
In a single look

You announce things
To the listening
Mischievous moon
To the generous horizon
That you like falling in love
As a state of the heart that beats
Dancing on the transparency of your body
To fall in love
To live
To love
To love again
To renew love like the sea
To bind love
You need the illusion of love
As in childhood
When a kiss brushed your skin
The wind disrobed your modesty
And you remember that night when blood flowed
Like a sweet and clear stream after love

You love being in love
Like an enchantment
Like a rustling syllable
Like a dragonfly that dreams itself aglow
Like a firefly

And now mid-century you dream even more about love
As now
As the sea knows salt

Anuncias que estas enamorada
Te desatas el cabello, amas desarmarlo
Te sueñas isla, península, archipiélago

Amas a ese hombre como un árbol
Amas a ese hombre como deseo
Amas a ese hombre como a un poema

Enseñas la imprecisión del estado de enamoramiento
Sólo dices
Amar para imaginar la invención del amor
Sentir el cosquilleo
El fluir
El fuego
La insensata sensatez del

Sentir

Las cartografías reconocieron su propia
Geografía, sus fisuras internas
Los mapas sólo obedecieron el azar
Las líneas de los mapas se convirtieron en
Ángeles desobedientes
Llegué a tu casa como en un suspiro
Llegué a tu patio,
Miré la lejanía de un tiempo agrietado
Sentí la cercanía de lo que jamás
Fue ausencia
Toqué a tu puerta
Derrumbé tu rutina
La vida cotidiana se
Hizo un milagro de agua viva

You announce that you are in love
You untie your hair; you love letting it fall
You dream yourself island, peninsula, archipelago

You love that man like a tree
You love that man like desire
You love that man like a poem

You teach the imprecision of the state of falling in love
You say only
Love to imagine the invention of love
Feel the tickling
The flowing
The fire
The senseless senselessness of

Feeling

The cartographies recognized their own
Geography, their internal fissures
And the maps obeyed their fate
The lines of the maps became
Disobedient angels
And I arrived, like a sigh, at your house
And I arrived at your terrace
I saw the distance of a crumbling time
I felt the nearness of that which was never
Absent
I knocked at your door and
Destroyed your routine
Daily life
Became a miracle of living water

En ese instante del ya
Esencia del ahora
Nos reconocimos en nuestras
Migraciones
Me dijiste al oído
Que aún éramos los mismos
Que necesitabas besarme la frente
Y los párpados
Como antes
En el ahora.

Intento regresar a la
Memoria de tus manos
Las que acariciaban con plenitud
Las que recorrían cada secreto
Cada huella, cada grieta del cuerpo
Encendido ante el amor
Intento repasar el gesto de tus manos
Sobre mis cabellos
Tus manos cortando espinas sin tregua
Tus manos reposadas frente a mi cintura
La memoria es un hueco sin lengua
Y tus manos
Imposible de evocar
Tan sólo sentirlas
Ágiles
Generosas
Palomas que en la oscuridad
Reparten ofrendas
Esas son tus manos

And in that instant of now
Essence of the present
We recognized each other in our
Migrations
And you whispered in my ear
That we were still the same
You needed to kiss my forehead
My eyelids
As before
In the present.

I try to return to the
Memory of your hands
Those that caressed with plenitude
Those that found each secret
Each sign, each crevice of the body
Burning for love
I try to follow the art of your hands
On my hair
Your hands cutting thorns without rest
Your hands reposed on my waist
And memory is an aperture without language
And your hands
Impossible to evoke
I feel them
Agile
Generous
Doves in the darkness
Offering gifts
Those are your hands

El amor fue como una
Fe de luces y fiestas
Un hombre descalzo
Mirando más allá de las
Colinas
Una mujer deseosa de sol

Hundida por la tibieza de la fe

Nuestros cuerpos descansan
El uno sobre el otro
Hasta en las quimeras del sueño se reconocen
Un eco o vagido se desprende de ellos
Y toda la noche duermen entrelazados como si fueran dos
               islas lejanas en la estación de las tierras
Como si fueran tan sólo ellos
Latiendo en la melodía del fuego

Desnudo, el sol travieso nos reconoce
Atrás las sombras lejanas pueblan otras historias
Tu boca sobre la mía brilla
Es de día en la Galilea
Mi cuerpo se extiende como una amapola
Y tú lo besas como si fuera el tallo de mi cintura.

Desnudos, el silencio nos empapa
Y me miras como si fuera esa niña
Que tú enseñaste a cantar.

Love was like a
Faith of lights and festivals
A barefoot man
Looking beyond
Hills
A woman desirous of the sun

Immersed in the warmth of faith

Our bodies rest
One upon the other
Even in the flight of dreams they recognize each other
An echo or cry comes forth from them
And all night they sleep embraced like two distant islands in
                    the season of the earth
As if they there were merely themselves
Beating in the melody of fire

Naked, the daring sun recognizes us
Behind the distant shadows other stories rise
Your mouth glistens on mine
It is daytime in Galilee,
My body unfurls like a poppy
And you kiss it as if it were the stem of my waist.

Naked, silence soaks us
And you look at me is if I were that girl
Whom you taught how to sing.

Desnuda me devuelves la mirada que se posa
Sobre la redondez del pecho
Y tu boca como una gracia acude a mí
Porque el amor es sencillo y las lejanías en él no moran.

Regresaré después de las lluvias
Cuando el invierno entibia las piedras
Rosadas de Jerusalén
Como tú entibias mi corazón
El sol descenderá suave como la bruma clara
Sobre la tierra y sus fondos azules
Lenta nos despertará como un susurro
Atrás quedó el invierno y los fríos agudos como un destierro

Y tú regresarás a mí
Como las amapolas del valle
Untarás el rojo de ellas en mi
Boca de granadas.

Quédate siempre dentro de mí
Dentro de mis ojos
Dentro de mi lengua
Dentro de mi piel
Dentro de lo que mis piernas
Vacilantes esperan
Que todo quede dentro, muy dentro de mí
Como el gozo y la muerte
Como el deseo y la memoria del deseo.

Todo dentro de mí
Tu piel acostumbrada
A la tierra

Naked you return my gaze which rests
On the roundness of my breast
And your mouth like a charm approaches me
Because love is simple and distance does not dwell within it.

I will return after the rains
When winter warms the pink
Stones of Jerusalem
The way you warm my heart
The sun will set softly like a light mist
Over the earth and her blue depths
Slowly it will wake us like a murmur
The winter and the sharp cold were left behind like an exile

And you will come back to me
Like the poppies of the valley
With their redness you will cover my
Pomegranate mouth.

Stay forever within me
Within my eyes
Within my tongue
Within my skin
Within that which my trembling
Legs await
That everything stays within, so within me
Like pleasure and death
Like desire and the memory of desire.

Everything within me
Your skin accustomed
To the earth

Tu alfabeto diáfano y quieto, antiguo
Trenzado
Tus manos como una nostalgia dentro de la mía.

Quédate siempre dentro de mí
Como la luz de Jerusalén
En ese día donde la guerra tatuó tus decires
Instauró nuevos silencios
Treinta años después de la guerra
Cuando regresaste para reconocerte dentro de mí
Me supe vulnerable y hermosa
Prodigiosa, anciana

Quédate siempre dentro de mí
Como un barco que se mece en las profundas
Aguas
En el fondo del dolor que es deseo.

Siempre dentro de mí.

Your diaphanous and quiet, ancient alphabet
Braided
Your hands a nostalgia within mine.

Stay forever within me
Like the light of Jerusalem
That day when the war tattooed your musings
It established new silences
Thirty years after the war
When you returned to recognize yourself within me
And I felt vulnerable and beautiful
Bountiful, ancient

Stay forever within me
Like a listing ship in the deepest
Waters
In the depth of pain that is desire.

Forever within me.

Acknowledgments

I thank Lori Carlson for understanding the
mystery and mysticism of this poetry.
For loving each one of these words written in
Spanish now rendered by her in English. And I
thank David Rade for his immense faith like all
that is abundant and beautiful.

Swan Isle Press is an independent, not-for-profit, literary
publisher dedicated to publishing works of poetry, fiction
and nonfiction that inspire and educate while advancing
the knowledge and appreciation of literature, art, and
culture. The Press's bilingual editions and single-language
English translations make contemporary and classic texts
more accessible to a variety of readers.

For information on books of related interest or for
a catalog of new publications contact:

www.swanislepress.com

The Light of Desire / La luz del deseo
Designed by Esmeralda Morales-Guerrero
Typeset in Sabon 11/14
Printed on 55# Glatfelter Natural